COLLECTION
DES
LIVRETS
DES ANCIENNES EXPOSITIONS
depuis 1673 jusqu'en 1800

SALON DE 1750
XL

PARIS

LIEPMANNSSOHN, ÉDITEUR

rue des Saints-Pères

DÉCEMBRE 1870

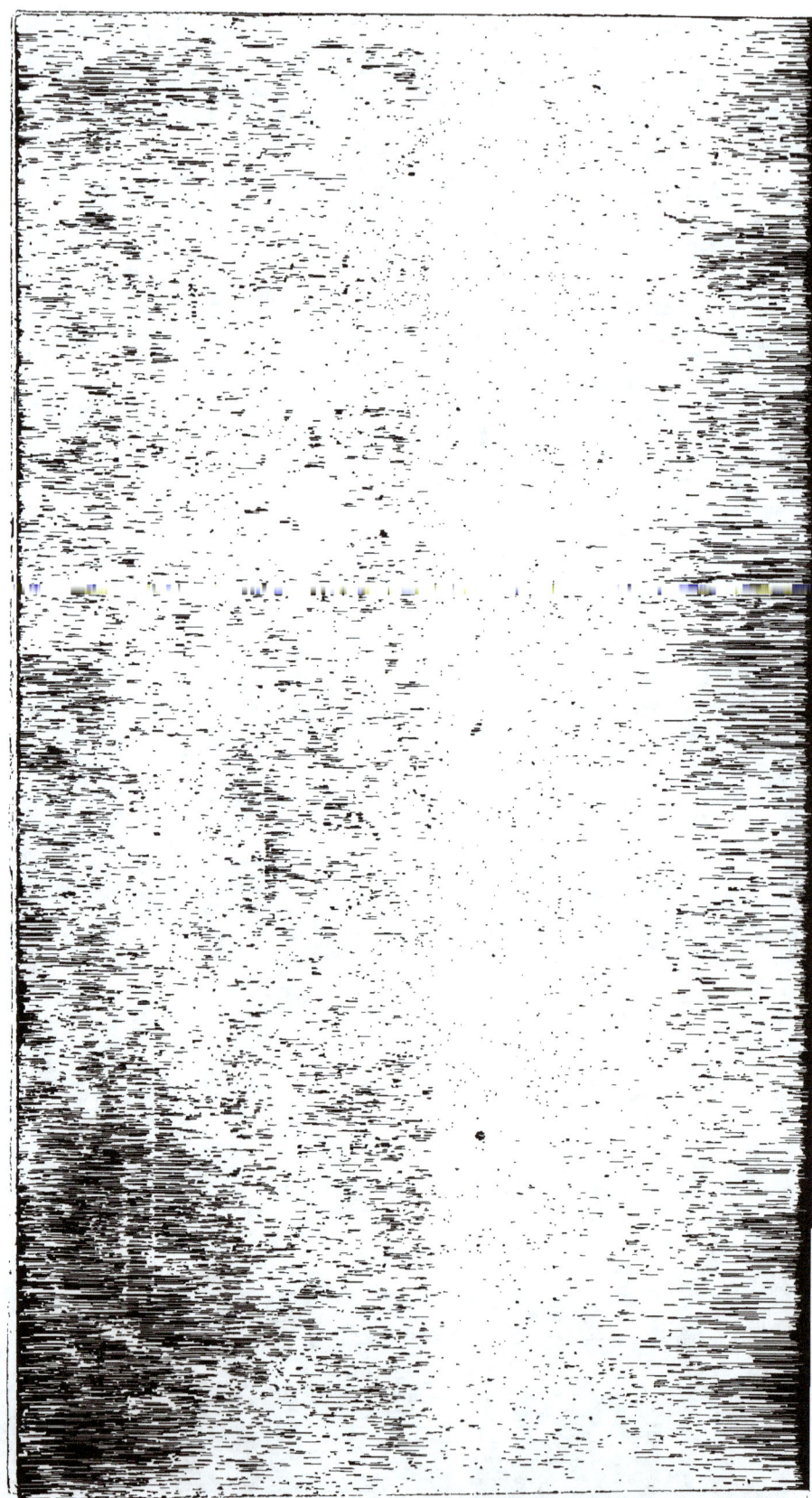

EXPOSITION

DE 1798

—

XL

COLLECTION

DES

LIVRETS

DES

ANCIENNES EXPOSITIONS

DEPUIS 1673 JUSQU'EN 1800

EXPOSITION DE 1798

———◆✱◆———

PARIS

LIEPMANNSSOHN, ÉDITEUR
11, rue des Saints-Pères
—
SEPTEMBRE 1871

NOMBRE DU TIRAGE

DU LIVRET DE 1798.

375 exemplaires sur papier vergé.
  25   —   sur papier de Hollande.
  10   —   sur chine.

N°

Ce livret est vendu seul 4 fr.

NOTICE BIBLIOGRAPHIQUE.

Livret :

Deux éditions : la première de 96 p. et 726 n°˚; la deuxième de 100 p. et 901 n°˚. L'addition, qui se compose d'un Supplément de 4 pages, ne commence qu'à la p. 97 et le bas de la p. 96 est resté vide. Enfin sur la 1re éd. le titre porte « au Muséum central des Arts » et « le prix est de 15 sols », tandis que la 2e dit : « au Musée central des Arts » et « le prix est de 75 centimes. » On remarquera que, dans le Supplément comme dans le Livret lui-même, chaque division commence avec la centaine. Ainsi la peinture finit au n° 428 et la sculpture part du n° 501.

Critiques :

Journal de Paris. 17, 24 Thermidor (sur la Psyché de Gérard). — Le Salon fut fermé les 28 et 29 Fructidor an VII pour faire quelques changements dans le placement des tableaux. — 6 Vend. (article de Landon), 15 Vendémiaire an VII (ce dernier article signé Reicrem, lisez : Mercier).

P. Ch(aussard). Examen des tableaux du Salon de l'an VI. Dans la Décade philosophique. T. IV, p. 274-82, 335-47, 418, 465-75, 535-42.

EXPLICATION

DES OUVRAGES

DE PEINTURE ET DESSINS,

SCULPTURE,

ARCHITECTURE ET GRAVURE,

Exposés au Musée central des Arts, d'après l'Arrêté du Ministre de l'Intérieur, le 1ᵉʳ Thermidor, an VI de la République Française.

Le prix de ce Livret est de 75 centimes.

———⊱✫⊰———

A PARIS,

DE L'IMPRIMERIE DES SCIENCES ET ARTS,
rue Thérèse, près la rue Helvétius.

An VI de la République.

AVIS.

Afin de prémunir le Public contre l'abus qui existe au-dehors du Muséum, où l'on *revend* ce Livret au-dessus de son prix, l'Administration prévient qu'elle ne le fait débiter que dans l'intérieur du Musée.

Elle annonce aussi que, dans la même intention, elle a établi sur le pallier du grand escalier, près la porte du Salon, des préposés attachés au Musée, auxquels on peut avec sûreté confier les *cannes*, *sabres*, *manteaux*, *parapluies*, qu'il est nécessaire de déposer avant d'entrer.

AVERTISSEMENT.

Ce Livret contient quatre divisions *indiquées en titre, ainsi qu'au haut des pages, par l'un de ces mots :* Peinture, Sculpture, Architecture, Gravure.

Les dessins sont compris dans la division de la peinture.

Dans chacune des quatre divisions, on a placé par ordre alphabétique le nom des artistes.

Le nom cité en tête de la notice des ouvrages d'un artiste, indiquant assez qu'ils ont été faits par lui, on s'est abstenu de toute autre explication.

S'il existe dans ce Livret des omissions de prénoms, de demeure, du lieu de la naissance de l'artiste, du nom de son maître, ainsi que sur la propriété de l'ouvrage, c'est que l'omission existait dans la notice envoyée.

L'administration du Musée se voit aussi obligée de renouveler l'invitation qu'elle a adressée aux artistes lors de la dernière exposition, d'indiquer avec précision l'action véritable de la production qu'ils envoient, en soulignant dans le récit historique, le passage qui désigne spécialement cette action ou ce moment de l'action. On doit sentir que l'impression de l'article, précédant pour l'ordinaire la réception au Muséum, et le rédacteur étant souvent obligé d'élaguer d'un long récit historique ce qui n'est pas essentiel au sujet, il faut le mettre à même de conserver l'action vraie et positive.

(Nota.) *Les retards trop habituels dans l'envoi des ouvrages et même des notices, quoiqu'on en ait prolongé le terme, pourront nécessiter un supplément; dans ce cas, le lecteur observera que les plus hauts numéros sont ceux qu'il faut chercher dans la partie additionnelle qui se trouve à la fin du Livret.*

EXPLICATION

Des Ouvrages de Peinture, Sculpture, Architecture, Gravure, Dessins, Modèles, etc., exposés dans le Salon du Musée central des Arts, le 1er Thermidor an VI de la République.

PEINTURE.

Ansiaux (J.), né à Liége, élève de Vincent,
rue de la Monnaie, n° 15.

1. Portrait de femme, peint en pied.
2. Portrait d'homme. } peints en bustes.
   Portrait de femme.

Aubry (Louis), né à Paris, élève de Vincent,
rue de la Vrillière, n° 6.

3. Un cadre renfermant plusieurs portraits en miniature.

Augustin (J.-B.), né à Saint-Dizier, département des Vosges,
Place des Victoires, n° 15.

Dessins.

4. Deux portraits, faisant pendants : celui de Swagers, peintre, et de son épouse.

Citoyenne *Auzou* (femme), née Desmarquêts, élève de Regnault,
rue d'Anjou, au Marais, n° 11.

Tableaux.

5. L'incertitude, ou que ferai-je?

Une jeune fille trouve, en entrant dans sa chambre, un bouquet et une lettre à son adresse; reconnaissant l'écriture de son amant, elle combat entre l'amour et le devoir.

6. La Prudence éloignant l'Amour.

L'Amour s'est glissé auprès de l'Innocence, il est parvenu à l'intéresser; mais la Prudence l'oblige à s'éloigner.

7. Un portrait de femme.

Bajetti (el signor), Architecte et Dessinateur, demeurant à Turin.

Ouvrages présentés au nom de l'Auteur, par le Citoyen Barthélemi, Peîntre, demeurant au Palais national des Sciences et des Arts.

Dessins.

8. Aquarelle représentant une vaste campagne au coucher du Soleil.
9. Ruines.
10. Campagne des environs de Turin, vue après la pluie.
11. Vue du Lac du Mont-Cenis, prise du côté de la France.
12. Forêt dévastée par un ouragan.
13. Campagne couverte de neige.
14. Une ville, vue par un temps de brouillard.

PEINTURE.

Baltard (Louis-Pierre), né à Paris,
rue Dominique, n° 239.

Dessins, Paysages.

15. Vue des montagnes et des vallées de l'Isère, près Montmélian.
16. Vue de l'arc antique de Suze, près Turin.
17. Vue des Cascatelles de Tivoli, près Rome.
18. Vue d'une côte maritime. Aquarelle.
19. Paysage, au soleil couchant, tiré de l'optique du C. Charles.

Baraban, place Maubert, derrière le corps-de-garde.

20. Des oiseaux peints sur porcelaine pour la manufacture de Dihl et Guerhard, dite d'Angoulême,
rue du Temple, près le Boulevard.

Barbier (Luc), de Nîmes, élève de David.

Tableaux.

21. Un portrait de famille du C. C***.
22. Otryade, Spartiate.
Resté seul vainqueur des Argiens, le corps déchiré de blessures, composant encore de ses débiles mains une espèce de trophée des débris qu'il trouve auprès de lui, écrivait avec son sang, le mot *Victoire* sur son bouclier.

Baudiot (fils), né à Nancy, élève d'Isabey,
rue ci-devant Royale, n° 17, Chaussée d'Antin.

23. Quatre portraits sous le même numéro.

PEINTURE.

Bazin, rue des Prêtres, n° 9.

24. Dessin représentant le repentir d'Adam et d'Eve.
25. Portraits d'une femme et de son enfant.

Belin (Claude-Alexandre), né à Paris, élève de Vien,
rue des Petits Carreaux, n° 202.

26. Un cadre contenant des portraits en miniature.

Berjon, de la Commune de Vaize, près Lyon,
Place des Victoires, n° 15.

27. Un Tableau de Fruits.

Barthelemy (Jean-Simon), né à Laon, département de l'Aisne,
au Palais national des Sciences et des Arts.

28. Le portrait en buste du Cit. Chéron, Artiste du théâtre des Arts, représenté en habit de Consul, costume de son rôle dans l'opéra de *Fabius*.

Bertin (Jean-Victor), né à Paris, élève de Valenciennes.
rue Montmartre, n° 253.

Tableaux, Paysages.

29. Soleil couchant.
   Site montagneux, animaux, jeux de Pâtres auprès d'une fontaine.
30. Soleil levant.
   Site de la Grèce. Des jeunes gens s'exercent à la course auprès d'un vieux temple.

PEINTURE.

31. Le milieu du jour.
> Site de l'Italie. Ancien monument, baigneurs.
> Sur le devant un homme tue un serpent.
32. Deux paysages, forme ronde, bordures quarrées, même numéro.

Berton (Charles), rue J.-J. Rousseau, maison Bullion.

33. Deux portraits sous le même numéro.

Bidault (J.), rue J.-J. Rousseau, maison Bullion.

34. Grand Paysage.
> La figure sur le devant représente Orphée.
> Ce tableau est un prix d'encouragement.
35. Paysage peint d'après nature aux environs de Montmorency.
36. Paysage d'après des études faites à Civita-Castellano, près de Rome.

Bodouin, né à Douai, dép. du Nord, élève de David.

Dessins.

37. L'Amour ayant cassé la corde de son arc, réfléchit tristement sur cet accident.
38. Narcis, revenant de la chasse, se mire dans un ruisseau qui lui réfléchit ses traits, dont il devient amoureux.

Boilly (Louis-Léopold), né à la Bassée, dép. du Nord.
rue du Ponceau, n° 43.

Tableaux.

39. Réunion d'Artistes dans l'atelier d'Isabey.

Peinture.

40. Portrait d'une femme assise touchant du glace-corde.
41. Portrait du Cit. Elleviou, Artiste du théâtre de l'Opéra-Comique national, représenté dans le costume de son rôle dans la jolie pièce du Prisonnier.
42. Dessin représentant une femme assise, tenant un livre : fond de Paysage.

Bonnemaison (Teriol), rue des Pères, n° 14.
43. Un Ecolier étudiant sa leçon.
44. L'Auteur, peint par lui-même.

Bonneval (André), né à Saint-Myon, près Riom, élève de Vandael,
Rue Buffaut, au coin de celle Coquenard.
45. Un tableau de fleurs.
Il appartient à l'auteur.

Boquet (Pierre-Jean), né à Paris, élève de Leprince.
Chez le C. Schall, Peintre, au Palais national des Sciences et des Arts.

Tableaux, Paysages.

46. Un Conducteur de bestiaux s'entretenant avec deux femmes.
47. Terrain montueux entouré de bois. Une voiture sur le second plan : des figures sur le devant.
48. Chevreaux paissans dans une île : diverses figures passant l'eau à gué, Blanchisseuses, etc.
49. Un Joueur de flûte, des Pasteurs qui l'écoutent.
50. Plusieurs figures, dont deux isolées.

PEINTURE.   17

Bornet, rue de Sorbonne, en face du passage Bénoît.

51. Un cadre renfermant cinq miniatures, sujets différents, dont une Vierge avec son fils, ovale, appartenant à l'auteur.
52. Un dessin à l'encre de la Chine, représentant Anacréon servi à table par Lycoris. Sujet pris d'un poëme.

Bosset (Jean-Frédéric), rue Neuve-Roch, n° 140.

53. Un cadre contenant des portraits peints en émail.

Bosio, rue de la Révolution, n° 688.

54. Tableau représentant l'Amour qui enlève l'objet qu'il aime. Derrière eux on aperçoit un Cupidon tenant les rênes de la Frivolité.

Bouché (L.-A.-G.), né à Paris, élève de David, faubourg Montmartre, à la Boule-Rouge.

55. Le portrait de la citoyenne Saint-Aubin, dans le le rôle de Lisbeth.
    Le moment est celui où elle dit à Gesner, en lui parlant de son père : Ah! ce que j'avais à lui apprendre était si difficile!
56. Etude de vieillard. Portraits dessinés.
57. Le C. Dillon, vérificateur-général des nouveaux poids et mesures.
58. Le C. Cessart, inspecteur-général des ponts et chaussées.
59. Le C. Perregot.
60. Deux portraits sous le même numéro.

18 PEINTURE.

Citoyenne *Bouliard* (Marie-Genn.), née à Paris, élève de Duplessis,

au Palais national des Sciences et des Arts.

Tableaux.

61. Une femme couverte d'un voile noir, demi-figure.
62. Une femme tenant une flûte, demi-figure.
63. Les enfans du C. Vernet, peintre, se tenant embrassés.

Citoyenne *Bounieu* (Emilie), élève de son père,
rue de Paradis, au coin de celle du Faubourg-Denis.

64. Deux tableaux peints en miniature, renfermés dans un même cadre.

    L'un une tête d'étude, appartenant à l'auteur.
    L'autre un portrait de femme.

Bourgeois (Constant), né à Guiscard, dép. de l'Oise,
rue de l'Arbre-sec, n° 250.

Dessins.

65. Deux vues d'Italie, paysages, même numéro.

    Ils appartiennent à l'auteur.

Bouton, né à Cadix, élève du C. Vincent.

66. Un cadre renfermant plusieurs miniatures.
67. Portrait d'une jeune personne, peinte en Erigone.

    Erigone, fille d'Icarius, fut aimée de Bacchus, qui, pour la séduire, se tranforme en grappe de raisin.

Brun (A.-N.), né à Beauvais, élève de Vincent,
rue de Vendôme, n° 2.

68. Tableau, scène de prison.

Une jeune personne ayant obtenu la liberté de son époux, vient accompagnée de leur fille le recevoir dans un cloître voisin du lieu de sa détention. Une voiture les attend à la porte de la maison d'arrêt.

Citoyenne *Bruyere* (née Lebarbier), élève de son père.

Dessins.

69. Orphée et Glicère, sous le même numéro.
70. Deux portraits, idem.

Camus (Ponce), né à Paris, élève de David.

71. Trois portraits, dont celui de l'auteur et celui de son père, même numéro.

Citoyenne *Capet* (Marie-Gabrielle), née à Lyon, élève de la citoyenne Labille Guyard, et demeurant chez elle,
cour du Palais national des Sciences et des Arts.

72. Un cadre renfermant les portraits en miniature de la citoyenne Guyard, peintre, du C. Vincent, peintre, de la citoyenne F***, du C. P***, et autres portraits.

Cazin (J.-B.-Louis), élève de Jollain,
au Palais national des Sciences et des Arts, pavillon du Nord.

Tableaux.

73. Vue d'un port de mer au coucher du Soleil.

74. Paysage avec des animaux.
75. Deux dessins à l'encre de la Chine; Paysages, sous le même numéro.

Citoyenne *Chaceré Baurepaire*, élève d'Augustin, rue Neuve-l'Egalité, n° 393.

76. Un cadre contenant : tête d'étude d'un vieillard, portraits, dont celui d'une des filles de l'auteur.

Chancourtois (Louis), de Nantes, dép. de la Loire-Inférieure.

Tableaux.

77. Paysage représentant la fin d'un orage, sur le bord d'un lac.

Nota. Le sujet accessoire des figures est la dernière scène du cinquième acte de la tragédie de Guillaume Tell, par Lemierre.

78. Paysage avec des baigneuses.

Citoyenne *Charpentier*, rue du théâtre de l'Odéon, faubourg Germain.

79. Portrait en pied du C. F***, ex-représentant du peuple au Conseil des Anciens.
80. Portrait d'une femme et de son enfant.
81. Portrait d'une femme peintre.
82. Portrait de l'auteur, ovale.
83. Un portrait d'homme.

Chasselat (Pierre), né à Paris, élève de Vien,
rue Jacob, n° 39.

84. Deux dessins, portraits, sous le même numéro.
85. Deux autres dessins, sous le même numéro.

Chaudet (Denis-Antoine), né à Paris,
au Muséum.

Tableau.

86. Enée fuyant avec sa famille.

Dessin.

87. Les honneurs divins rendus à Psyché.

La réputation de sa beauté était si grande, que l'on accourait de toutes les parties de la terre pour la contempler. On abandonnait les autels de Vénus pour suivre Psyché. Lorsqu'elle marchait par les rues, on lui présentait des couronnes, on lui offrait des prémices : la terre se trouvait jonchée de fleurs sous ses pas; on se prosternait, on l'adorait..... et chacun, en lui rendant hommage, prenait l'expression et l'attitude de son culte habituel.

Sujet tiré du quatrième Livre de l'Ane d'or d'Apullée.

Citoyenne *Chaudet* (Elisabeth), née Gabiou, de Paris.

Tableaux.

88. Portrait en pied d'une femme à sa toilette.
89. Une tête d'étude et deux portraits, dont un d'une jeune fille dessinant, sous le même numéro.

PEINTURE.

Chrétien, rue Honoré, vis-à-vis l'Oratoire, n° 35.

90. Un cadre renfermant des portraits au Physionotrace, dessinés par Fouquet, gravés par Chrétien.

Clavareau (Auguste-François), rue des Filles Saint-Thomas, n° 71.

91. Dessin allégorique, lavé à l'encre de la Chine. L'Amour, le Plaisir et le Repentir.

Collas (Louis-Antoine), né à Bordeaux, élève de Vincent,
cul-de-sac Taitbout, n° 10.

92. Portrait de l'auteur, fait par lui-même.

Coste (L.), rue Meslée, n° 166.

93. Paysage, effet de neige.
94. Un clair de lune.

Ces deux objets, peints sur porcelaine pour la manufacture de Dhil et Guerhard, dite d'Angoulême, rue du Temple, près le Boulevard.

Citoyenne *Coster* (née Vallayer), aux galeries du Louvre,

Tableaux.

95. Des fleurs dans un vase de porcelaine garni de bronze.

Ce Tableau est destiné à faire un devant de cheminée.

PEINTURE. 23

96. Des fleurs dans un vase de cristal avec des fruits.

Tableau ovale, peint sur cuivre.

97. Deux tableaux de fleurs, forme ovale, peints à l'huile sur taffetas; même numéro.
98. Deux ronds formant dessus de boîtes. L'un des fleurs et un vase de bronze; l'autre des attributs de chasse et du gibier.

Peints à l'huile sur taffetas.

Crepin (Louis-Philippe), né à Paris, élève de Renaud,
rue de l'Echiquier, n° 13.

Tableau.

99. Vue du port de Brest, prise de la cale de la vieille Intendance, au moment de l'embarquement du général Hoche.

Ce tableau appartient à l'auteur, qui ayant, comme réquisitionnaire, servi quatre ans dans la marine, à Brest, a peint d'après nature.

Dabos, né à Toulouse, élève de Vincent,
rüe de la Loi, vis-à-vis celle Villedot, n° 1256.

Tableaux.

100. L'intérieur d'un cabaret.

Un soldat autrichien et deux femmes.

101. Un enfant sur les bras de sa nourrice.

Citoyenne *Davin* (Césarine-Henriette-Flore), née
Mirvault, de Paris, élève des citoyens
Suvée et Augustin,
rue du Doyenné, n° 304.

Portraits en miniature

102. De la Citoyenne Sallantin, épouse de l'artiste, musicien du théâtre Feydeau.

Tableaux de Famille.

103. L'Amour paternel.
104. La Tendresse maternelle.

L'auteur a peint dans ces tableaux son époux, elle et ses enfans.

Degault fils, à la Bibliothèque nationale de l'Arsenal.

105. Portrait d'une femme soignant sa basse-cour.

Delafontaine (P. Maxi.), né à Paris, élève de David, rue de la Monnaie, n° 8.

106. Une scène du Déluge, tirée d'un fragment de Gesner.

Un amant est parvenu à sauver son amante sur une pointe de rocher; mais l'eau gagne, la mort approche de tous côtés. L'amante est évanouie, et l'amant ne s'occupe que de son danger.

107. Un portrait d'homme patinant.
108. Un portrait de femme.

Demachy, au Palais national des Sciences et des Arts.

109. Un tableau, représentant une partie de la colonnade du Louvre, avec la démolition des maisons du cloître St. Germain.

Demarne, élève de Briard,
au Palais national des Sciences et des Arts.

Tableaux.

110. Marche d'animaux.

111. Scène familière.
112. Un Maréchal.
113. Vue des côtes de Normandie.
114. Le petit Poucet retrouvant son chemin.

Desfossez (Charles), rue Notre-Dame-Nazareth, n° 115.
115. Un portrait d'enfant, peint en miniature, sous la figure de l'Amour.

Deshays, élève de Schmid, rue de Rochechouard,
n° 660.
116. Un tableau, paysage, rochers, fabriques, marche d'animaux, etc.
 Il appartient à l'auteur.

Desoria (Jean-Baptiste), né à Paris, élève de
Restout fils,
au Palais national des Sciences et des Arts.
Tableaux.
117. Achille délivrant Iphigénie, au moment où Calchas allait l'immoler.
118. Portrait de la citoyenne Pipelet.
119. Portrait du C. Martini.
120. Portrait du C. Letourneur, ex-membre du Directoire, peint en l'an IV.

Desvosge (Anatole), né à Dijon, élève de son père et de David,
rue St-Jacques, n° 334.
Tableaux.
121. Harmonie, fille de Trasibule.

Les habitans de Syracuse, soulevés contre Trasibule qui voulait se faire roi, l'obligèrent à fuir, et déterminèrent la mort de tous ceux de sa race. Il ne restait plus que sa fille Harmonie ; on découvrit sa retraite : mais sa gouvernante présenta une autre fille sous les vêtemens de la Princesse, et qui eut le courage de se laisser poignarder sans désabuser ses assassins. Harmonie, admirant ce sacrifice généreux, ne voulut point y survivre; et rappelant les meurtriers, elle se fit connaître et fut tuée par eux.

122. Un portrait de femme.

Devouge (Benjamin), élève de Regnauld, Cloître Honoré.

123. Deux dessins représentant, l'un la Mélancolie, et l'autre le Ravissement.

Doix (F. J. A.), né à Paris, rue d'Argenteuil, n° 271.

124. Paysage, soleil levant.
125. Vue prise dans le Jura, soleil levant.
126. Intérieur. L'atelier d'un peintre qui se prépare à dîner.

Drolling, né à Oberbergheim, rue Honoré, n° 43.

Tableaux.

127. Un jeune homme et une jeune femme, aperçus par une fenêtre, se disposent à faire de la musique.

PEINTURE. 27

128. Une jeune fille à une fenêtre, rinçant un pot au lait.
129. L'éducation.
130. Le retour à la vertu.
131. Portrait.

Dubois (Frédéric), rue de Grammont, n° 549.

132. Un cadre renfermant des miniatures.

Duchemin, a présenté pour le C. *Robert Pigeon*,
demeurant à Rome,
rue de la Harpe, n° 471,

133. Deux dessins à la mine de plomb, représentant des animaux.

Ducreux (Joseph), maison de Nesle, rue de Beaune.

Tableaux ovales.

134. Portrait du C. Dupont de Nemours, membre de l'Institut.
135. Portrait du C. Dussaux, membre de l'Institut.
136. Portrait du général Ernouf.
137. Étude d'après l'auteur.

Citoyenne *Ducreux* (Rose), chez son père,
maison de Nesle, rue de Baune.

Tableaux.

138. Portrait de la citoyenne Méhul.
139. Etude d'après une jeune personne.

Dumont (François), élève de Girardet,
aux Galeries du Muséum.

140. Un cadre renfermant des miniatures.
141. Un autre cadre contenant un tableau représentant la France libre.

> La France libre a vaincu les Puissances coalisées, elle se repose au milieu de ses trophées, préférant la paix à la victoire.

Dumont (Laurent), né à Lunéville, dép. de la Meurthe.
rue Guénégaud, n° 22.

Tableaux.

142. { Deux portraits dans leurs bordures ovales.
{ Une miniature.

Dunouy (Al.-Hy.), né à Paris, élève de Briard,
rue du Faubourg-Denis, n° 55.

Tableaux.

143. Le danger imprévu.

> Une mère et son enfant endormis, sont menacés d'un serpent, et secourus par une autre mère.

144. Pâris abandonnant la nymphe Œnone dans la vallée du mont Ida.
145. Vue du Rhône, prise de la Croix-Rousse, faubourg de Lyon : on aperçoit les montagnes de Savoye et le Mont-Blanc.
146. Vue du village de la Grotte, sur la route de Naples à Pestum.

147. Vue de Savoie, près St-Michel, en Maurienne.
148. Vue de San Scholastico, près Subbiaco en Italie.
149. Plusieurs dessins sous le même numéro.

Duperreux (A.-L.-R.), né à Paris,
rue du Mont-Blanc.

150. Paysage représentant une chasse de Diane.
151. Vue de la vallée d'Hasly, près Meyringen, canton de Berne.
152. Vue du pont de Psaffemprung, sur la Reusse, près Vassen, prise en descendant du Mont St-Gothard à Altorff.
153. Paysage. Mort de Clorinde.

Duplessis, (C.-M.-H.), né à Versailles, élève de Descamps.

Tableaux représentant

154. Des cavaliers en route.
155. Un défilé d'équipages.
156. Deux pendans : l'un, les environs d'un port ; l'autre, un cabaret.

Dutertre.

157. Dessin au crayon noir et blanc, représentant un rêve.

Ce dessin appartient au C. Rolland.

Citoyenne *Duvieux* (Marie-Adélaïde), née Landragin,
rue du Faubourg-Martin, n° 145.

158. Un cadre contenant plusieurs portraits en miniatures.

Echard (Charles), né à Caen,
rue Neuve-des-Petits-Champs, n° 26.

Tableaux, paysages.

159. Vue du Mont-Blanc, prise du pont de Serve en Savoie.
160. Vue du glacier et des bois de la vallée de Chamouni.

  Nota. Ces deux tableaux appartiennent à l'auteur.

161. Deux vues de Hollande, aux environs de Groningue.

Fleury (C.-A.), élève de Renaud,
rue de Chartres, n° 334.

162. Tableau représentant une femme entrant au bain.

Fontaine (M.-D.), né à Rambouillet.
A Paris, rue Pinon, n° 12.

Dessin à la gouache.

163. Ruines d'architecture, portiques corinthiens, temple et fragmens.

Fontaine (P. E. L.), Architecte,
rue Montmartre, n° 219.

164. Trois petits tableaux d'Architecture, représentant des vues de Rome, Venise et Sienne, sous le même numéro.

Fontaillard (J.-F.),
rue Neuve-Martin, n° 1.

165. Portrait en pied, miniature.

PEINTURE. 31

Fortin, élève de Lecomte, Sculpteur,
place Vendôme, maison d'Arthur.

Tableaux.

166. { Tête d'étude, représentant un Juge.
{ Une femme endormie.

Dessins à l'encre de la Chine.

167. L'exercice du javelot dans une fête domestique chez les Lacédémoniens.
168. Un père distribuant des couronnes à ses enfans après leurs exercices.

Fournier, né à Paris, élève de Regnault,
rue des Deux-Boules-Opportune, n° 7.

169. Trois jeunes femmes s'amusant à orner l'Amour de fleurs.
170. La perruque blonde, ou le singe faisant toilette.
171. Une jeune femme préludant sur son forte-piano.

Nota. Ces trois tableaux appartiennent à l'auteur.

Fournier.

172. Portrait de la Cit. C***.
173. Portrait du C. E***.
174. Portrait du C. P***.
175. Portrait du C. D***.
176. Portrait du C. S***.

Fragonard fils (Alexandre-Svariste), né à Paris,
élève de David,
aux Galeries du Muséum.

Dessins.

177. Portrait d'homme.

178. L'Amour faisant danser une jeune fille.
179. L'Amour enlevant une jeune fille.

François (H.-J.), né dans le Luxembourg, élève de Brenet.

180. Portrait du poëte Guichard, forme ovale.
181. { L'auteur, peint par lui-même.
      { Etude d'après sa fille.

Garnecy (Jean-François), rue du Croissant, n° 2.

182. Portrait du C. Grétry.

Garnier (Michel), rue des Petites-Ecuries, faubourg Denis, n° 44.

Tableaux.

183. Le saut par la fenêtre.
184. Le mot à l'oreille.
185. Les lettres découvertes.

Citoyenne *Gauffier* (Pauline, épouse du citoyen), maintenant à Florence.

186. Deux tableaux, sujets champêtres, représentant des paysannes des environs de Terracine.

Gault (P.-M.), élève de Duraman, rue St.-Marc, n° 163.

187. Vue du Puy-de-Dôme et d'une partie de la chaîne des montagnes qui en font la base.

Le Puy-de-Dôme est élevé au-dessus de la mer d'environ 1640 mètres.

L'auteur a représenté les figures dans le costume gaulois : il a tiré son sujet des Commentaires de César, qui dit en parlant de leurs mœurs et de leur religion : *Deum maxime Mercurium*, etc., *lib. VI.*

Nota. Ce tableau appartient à l'auteur.

Gazard, né à Toulouse,
à Versailles.

188. Tableau, Marine. Le moment du jour est le matin.

Genillon (J.-B.-F.),
au Palais national des Sciences et des Arts.

189. Tableau représentant le port de Vendre et la vue de Collioure.

Georget,
rue Feydeau, n° 223.

190. Portrait ovale, peint en miniature à gouache.

Gérard (François), né à Rome, élève de David,
au Palais national des Sciences et des Arts.

Tableaux.

191. Psyché et l'Amour.
192. Portrait du C.*** et de sa famille.
193. Portrait de la Cit. ***.

Girodet, élève de David.

194. Portrait du C. Belley, ex-représentant des Colonies.
195. Un jeune enfant regardant des figures dans un livre.

Godeau,
rue neuve des Bons-Enfans, n° 3.

196. Portrait de femme en miniature.

Grognard, élève de Vien,
à Lyon.

197. Portrait de Lantara, peintre de paysages.

Gros (Antoine-Jean), né à Paris, élève de David.

198. Tableau. Portrait du général Berthier, fait à Milan.

Les Citoyennes Gueret,
rue de la Verrerie, n° 109.

199. Deux portraits, l'un d'une femme en buste, l'autre de deux sœurs, même numéro.

Guerin (Jean), né à Strasbourg,
quai Voltaire, n° 13.

200. Deux portraits, grande miniature, même numéro. L'un représente le général Kléber, et l'autre la Citoyenne ***.
201. Un cadre contenant deux autres miniatures,

PEINTURE. 35

Guesdon (Denis), né à Paris, élève de Pierre,
rue Meslée, n° 18.

202. Un portrait dessiné.

Citoyenne *Labille* (dite *Guiard*), élève des
CC. Vincent père et fils,
au Palais national des Sciences et des Arts.

203. Le portrait du C. Charles, professeur de Physique, membre de l'Institut national,
Faisant une démonstration d'optique et tenant un réflecteur solaire.
204. Le portrait du C. Janvier, mécanicien-astronome,
Traçant la projection graphique d'un passage de Vénus sur le Soleil : on aperçoit sur la table plusieurs figures de planètes et de constellations.
205. Le portrait de la Citoyenne Capet peignant en miniature.
206. Le portrait du C. ***.
207. Plusieurs portraits sous le même numéro dans la même bordure.

Hennequin (Philippe-Auguste),
rue Pot-de-Fer, faubourg Germain.

Tableaux.

208. Pâris s'arrachant des bras d'Hélène pour aller combattre Ménélas.
209. Portrait de la Citoyenne Blanc.
210. Portrait du général de brigade Marmont.
Celui qui, commandant la deuxième colonne

Peinture.

à l'attaque de l'île de Malte, a enlevé le drapeau de l'Ordre.

Holain (N.-F.-J),
rue du Bacq, n° 249.

211. Tableau. Scène familière dans un intérieur.

Honnet (Alexandre-Romain), né à Paris, élève de Regnault.
rue André-des-Arts, n° 44.

Tableau.

212. La séparation de Télémaque et Mentor en Egypte.

Le fils d'Ulysse demande en vain à Métophis, ministre prévaricateur de Sésostris, roi d'Egypte, de n'être point séparé de Mentor : celui-ci reproche à son disciple sa faiblesse, et lui dit de se confier aux Dieux, qui ne l'abandonneront pas s'il se montre digne de leur protection.

Hue (Jean-François), né à Versailles,
aux Galeries du Muséum.

Tableaux.

213. Vue de la ville, de la rade et du port Malo, prise de l'anse des Sablons à St.-Cervan, au moment du naufrage d'un vaisseau occasionné par une tempête.

Ce tableau fait partie de la collection des ports de France, continuée par ordre du Gouvernement.

PEINTURE. 37

214. Vue de mer au soleil couchant, marée montante par un tems calme.

Citoyenne *Huin*, élève de David,
rue Meslée, n° 51.

215. Un cadre renfermant divers portraits en miniature, une Hébé, etc.

Isabey (Jean-Baptiste), né à Nancy, élève de David,
rue Marc, n° 27.

216. Portraits en miniature sous le même numéro.
217. Tête d'étude.

Dessins.

218. Isabey et sa famille, dessinés par lui-même.
219. Portrait du C. Duchanois, médecin.
220. Portrait du C. Roche, marchand du Palais-Egalité.
221. Portraits sous le même numéro.

Labadye, né à Paris, élève de Vincent.

222. Deux portraits peints, même numéro.

Dessins.

223. Portrait du père de l'auteur.
224. Portrait d'un jeune homme appuyé contre un arbre.

Lafontaine (P.-J.),
rue J.-J. Rousseau.

225. Un intérieur de la ci-devant cathédrale de Paris, avec figures, par Démarnes.

Peinture.

Lagrenée (l'aîné),
Galeries du Muséum.

Tableaux.

226. Cassandre avait envoyé des soldats déterminés pour tuer Olympias, mère d'Alexandre; ils ne purent soutenir le regard de cette Princesse, et s'en retournèrent sans avoir exécuté cet ordre.
227. Jupiter foudroye Phaéton, pour avoir voulu inconsidérément conduire le char du Soleil.
228. Armide ayant vainement tenté de se venger de Renaud, désespérée, se retire dans un bois où Renaud la suit et l'empêche de se tuer.
229. Deux frères qui s'aimaient tendrement, servaient néanmoins dans deux armées opposées; ils se battirent sans se connaître. L'un d'eux, lorsqu'après la bataille on dépouillait les morts, reconnaît qu'il a tué son frère et s'abandonne à la douleur.
230. Tarquin précipite du haut des degrés Servius-Tullus, roi de Rome, et le fait assassiner.

Lagrenée le jeune (J.-J.), né à Paris, élève
de son frère aîné,
aux Galeries du Muséum.

Tableaux.

231. Psiché dans le Palais enchanté, où elle a été transportée par l'Amour.

    Des Nymphes la servent ou lui préparent les plus riches parures; des sons harmonieux se font entendre; Zéphire brûle des parfums; mais au milieu de ces délices, Psiché reste triste et pensive, car elle ne voit personne, ni même l'Amour qui la contemple.

Dans le fond on aperçoit Vénus qui va se plaindre à Jupiter.

232. Une Frise représentant des Renommées parmi des urnes, des trépieds, des casques et des vases; dessin au bistre rehaussé d'or.

Le tableau et le dessin appartiennent à l'auteur.

Lafitte (Louis),
rue Molière, n° 2, près le théâtre de l'Odéon.

233. Portrait du C. St.-Prix, artiste du théâtre Français.
Esquisse dessinée.

234. Périclès, instituteur de l'Odéon, chez les Athéniens, décernant les prix d'encouragement aux artistes qui se sont le plus distingués dans la poésie, la musique et le cothurne.

La scène se passe sous le portique de l'Odéon, devant le peuple d'Athènes et de l'Aréopage assemblés.

235. Esquisse, sur l'armée d'Italie.

Landry.
rue des Maçons, section des Thermes, n° 407.

236. Portraits des Citoyennes He*** et d'un homme, sous le même numéro.

Laneuville (J.-L.), élève de David.
maison Longueville, rue Thomas.

237. Portrait d'un enfant.

Langlois,
maison de Nesle, rue de Beaune.

238. Un cadre renfermant des miniatures.

Larivière (Victor), né à Toulon, élève d'Isabey,
rue Boucherat, n° 15.

Portraits, miniature.

239. Deux femmes regardant par la portière d'une voiture.

Laurent (J.-A.), né à Baccarat, dép. des Vosges,
rue Nicaise, n° 487.

Miniatures.

240. Portrait de femme.
241. Portraits de famille.
242. L'Écolier maître. Sujet tiré d'une Idylle.

Le Dieu paya mes sons d'un dédaigneux sourire,
Et chanta sur son luth le plaisir d'un amant.
Pour l'écouter, je fis taire ma lyre,
Et j'appris de l'Amour à chanter tendrement.

Laurenty, né à Verviers, dép. de l'Ouest,
élève de Fassin,
rue de Cléry, maison des Pyrénées.

Dessins à la plume.

243. Intérieur avec des animaux.
244. Une vache dans l'eau.
245. Trois têtes d'animaux, grandeur naturelle, à l'estompe.
246. Trois vaches dans l'eau à l'estompe.

Ces dessins appartiennent à l'auteur.

Peinture.

Lebarbier (l'aîné),
au Palais national des Sciences et des Arts.

Dessins.

247. Les derniers instants du général Marceau.
248. Vue d'une grotte de Frescati, près de Rome.
249. Le premier homme et la première femme. Esquisse.
250. Six dessins des amours de Daphnis, dans un cadre.

Lebrun (Jacques), du dép. de Vaucluse.
rue de la Loi, n° 748.

251. Un cadre contenant plusieurs miniatures.

Lebrun (Louise-Elisabeth, née Vigée, femme),
élève de son père.

252. Portrait de sa fille.
253. Une Sibylle.

Ces deux tableaux ont été envoyés de Pétersbourg.

Lebrun (Topino), né à Marseille, élève de David.

254. La mort de Caïus Gracchus.

Opinius parvenu au Consulat dont il avait été éloigné par Caïus Gracchus, alors que celui-ci était Tribun, fit naître l'occasion de s'en venger. Devenu puissant, il avait, contre les lois, introduit dans Rome un corps de Candiots, gens de trait et frondeurs. Il fit mettre la tête de Caïus à prix, et le peuple abandonna son défenseur. Appelé devant le Sénat, Caïus se rendit dans la place en habit civil..... Ses amis Licinius et Pomponius le forcèrent de fuir. Arrivés sur le pont de bois, ils firent face aux poursuivans, et lui donnèrent le tems de se jeter dans un bois consacré à la Déesse de la Fureur. Là, Caïus Gracchus ordonna à Philocratus, son ami, de le tuer. L'esclave se tua lui-même après.

Opinius ayant annoncé qu'il paierait cette tête au poids de l'or; Septimuleius l'ôta à un soldat qui l'avait coupée, en retira la cervelle pour y substituer du plomb, et la porta au Consul, son ami, qui tint sa promesse.

Lecarpentier (Benjamin), élève de Callais,
rue Coquéron, n° 61.

255. Tableau, paysage.

Ledru (Hilaire), du dép. de Calais.
quai des Orfévres, n° 24.

Dessins, portraits en pied,
256. Du général Bernadotte.
257. Du général Scherer, ministre de la Guerre.
258. D'une femme.
259. Scène de prison.

Ce dernier appartient à l'auteur.

Lefevre (Robert), élève de Regnauld.
rue d'Orléans-Honoré, n° 17.

260. L'amour aiguisant ses flèches.

PEINTURE. 43

Ce tableau est un prix d'encouragement obtenu dans un des concours.
261. Portrait du C. Laquiante.
262. Portrait de l'auteur, par lui-même.
263. Portrait de femme.

Leguay (C.-C.),
rue de Bondi, n° 17.

264. Quatre portraits en miniature, peints sur porcelaine pour la manufacture de Dihl et Guerhard, dite d'Angoulême, rue du Temple, près le Boulevard, même numéro.
265. Deux portraits peints sur ivoire.

Lejeune, élève de Valenciennes et officier-adjoint du Génie,
faubourg Honoré, rue Madelaine, n° 1036.

266. Mort du général Marceau.

Le troisième jour complémentaire de l'an IV, ce général reçut l'ordre de dérober à la vue de l'ennemi un mouvement de l'armée de Sambre-et-Meuse, en tenant ferme dans la forêt de Hoëestbach. A cet effet, il y plaça un bataillon de grenadiers; derrière lui deux escadrons de chasseurs, et s'avança entre les deux lignes de tirailleurs dont le feu s'engageait, afin de reconnaître le lieu où il placerait de nouvelles troupes.

On apercevait des troupes ennemies qui descendaient dans la forêt; d'autres plus près s'avançaient sur la route de Cologne qui la traverse. Un hussard hongrois caracollait devant le Général, afin de l'arrêter, tandis qu'un chasseur Croate lui ajustait de derrière un arbre un coup de fusil, dont la balle lui traversa le bras et le corps, et le fit mourir quarante-quatre heures après.

Le hussard aussitôt s'élança vers le général, mais il fut tué par le capitaine du Génie, Souhait, que l'événement funeste du vaillant Marceau rendit furieux.

Le lieu de la scène qui est au pied de la plus haute montagne de la Vétéraire, est pris d'après nature.

Lejeune (Nicolas).

267. Tableau, portrait d'homme en pied.

Citoyenne *Lemoine* (Marie-Victoire),
rue des Moulins, n° 18.

268. Tableau représentant une jeune Frescatane écoutant un jeune homme qui joue de la guitare.

Lemoine,
actuellement à Rouen.

269. Portraits dessinés à la pierre noire, du C. Fragonard, du C. et de la Citoyenne Lecouteulx, du C. Lezurier, du C. Lafosse, et une tête d'étude, sous le même numéro.

PEINTURE. 45

Lepeintre père, né à Paris, élève de Pierre,
rue Mazarine, n° 1539.

Tableaux.

270. La mère trompée.
271. Portraits d'hommes et de femmes, sous le même numéro.

Leroy (Joseph), élève de Suvée,
rue des Saussayes, faubourg Honoré, n° 1239.

Dessins au noir.

272. Œdipe et Antigone.
   Appartenant à l'auteur.
273. Portrait d'une jeune personne assise.
274. Portrait d'une jeune personne touchant du forte-piano.

Lespinasse,
au Palais national des Sciences et des Arts.

Dessins aquarelle.

275. Deux vues de la ville et du château de Réunion sur Oise, ci-devant Guise, département de l'Aine, quartier-général de l'armée de Sambre-et-Meuse en l'an III, avec accessoires militaires.

Lesueur (Pierre-Etienne),
rue des Marais, n° 16.

276. Un portrait d'homme et deux de femmes, sous le même numéro.

Esquisse peinte.

277. L'amour filial.

Œdipe et sa fille Antigone, passant le mont Cithéron.

Lethiers,
au Palais national des Sciences et des Arts.

Tableau.

278. Philoctète dans l'île déserte de Lemnos, gravissant les rochers pour avoir un oiseau qu'il a tué.

C'est le moment où Philoctète éprouve une de ces crises douloureuses causées par la blessure qu'il se fit au pied en laissant tomber une flèche d'Hercule.

Sujet :

J'appris à soutenir mes misérables jours,
Mon arc, entre mes mains, seul et dernier recours,
Servit à me nourrir; et lorsqu'un trait rapide
Fesait du haut des airs tomber l'oiseau timide,
Souvent il me fallait pour aller le chercher,
D'un pied faible et souffrant gravir sur le rocher.

279. Le sommeil de Vénus.

L'Amour et les Grâces jouent autour de Vénus avec sa ceinture.

280. Deux jeunes femmes au bain, jouant avec un cygne.
281. Un portrait de femme dans un paysage.
282. Un dessin Frise représentant le 9 Thermidor.

Leroy (François), né à Liancourt, élève de Vien, rue du Hurepoix, n° 18.

283. Tableau représentant un vieillard aveugle, jouant de la vielle, et trois enfans qui l'écoutent.

PEINTURE. 47

Lonsing, né à Bruxelles,
maison Chaumont, près la porte Denis.

Tableau.

284. {
Le médecin des urines.
  Une jeune fille et son amant le consultent et attendent avec inquiétude la décision du docteur.
Portrait de l'auteur peint par lui-même.

Lovinfosse, né à Liége, élève de Brenet,
rue du Hurepoix, n° 8.

285. {
Deux pendans représentant du gibier et des fruits.
Une cuisinière accrochant de la volaille.

Malard-Sermaise,
rue Nicaise, n° 500.

Tableaux.

286. Vénus et Adonis.
  Vénus trouve Adonis expirant, et met sa main sur son cœur pour voir s'il palpite encore.
287. Portrait de femme, bordure ovale.

Malbeste,
rue des Nonaindières, n° 27.

288. Paysage avec des Baigneuses, dessiné à la mine de plomb sur vélin.
  Il appartient à la Société de la réunion des Beaux-Arts.

48 Peinture.

Mallet (J.-Baptiste),
rue Thévenot, n° 62.

289. Tableau représentant un concert hollandais.

Marette (Pierre-Antoine),
à Versailles, rue Caton, n° 8.

290. Un cadre renfermant des miniatures.

Martin (Guillaume), né à Montpellier, élève de Vien,
rue de la Liberté, n° 67.

Tableaux.

291. L'enlèvement d'Hélène.

Au moment de s'embarquer, cette princesse sent qu'elle est mère et balance à partir. — Pâris à ses genoux la presse. — Sa nourrice la conjure. — Ils la déterminent.

292. Cléopâtre devant Marc-Antoine.

Ce Consul romain vit déserter son audience pour aller au devant de Cléopâtre au moment où l'on apprit son arrivée dans la ville de Tarse. Resté seul, il s'en retournait chez lui : l'auteur suppose que cette reine superbe le rencontra dans sa marche.

293. Repas donné par Cléopâtre à Marc-Antoine.

Jamais on n'avait vu un festin aussi magnifique, une nuit aussi lumineuse; c'est l'instant où la reine d'Egypte va faire le sacrifice de cette fameuse perle en faveur d'un homme qu'elle voulait captiver.

PEINTURE. 49

C^one^ *Mayer* (Constance),
rue Meslée, n° 650.

Tableaux.

294. Portrait d'un enfant.
295. Portrait d'un enfant tenant un pigeon.
296. Portrait du père de l'auteur.

Mérimée (J.-F.-L), élève de Vincent,
au Palais national des Sciences et des Arts,

Tableaux.

297. Vertumne et Pomone.
298. Portraits de famille.

Messier (J. L.),
rue des Champs-Elysées, n° 5.

299. Deux portraits dessinés.

Métoyen (François), élève de Vincent,
rue du faubourg Jacques, n° 115.

300. Deux portraits de femme, dont l'un ovale, sous
le même numéro.

Meynier (Charles), né à Paris, élève de Vincent,
au Palais national des Sciences et des Arts.

Tableaux.

301. Calliope, Muse qui préside au Poëme épique.
302. Clio, Muse qui préside à l'Histoire.
303. Apollon, Dieu de la Lumière, de l'Eloquence et
des Beaux-Arts, accompagné d'Uranie, Muse
qui préside à l'Astronomie.

Ces trois tableaux appartiennent au C. Boyer-Fonfrède, de Toulouse. Ils sont destinés à orner une galerie, ainsi que les autres Muses dont la suite est demandée à l'auteur.

Michel (Georges),
rue neuve de l'Egalité, n° 315,

Tableaux, Paysages.

304. Effet de pluie.
305. Marché d'animaux.
306. Intérieur de cour champêtre, et un autre paysage sous le même numéro.

C^{nne} *Milet-Mureau* (Iphigénie), âgée de 18 ans, élève de Vandael.
chez le Général, son père, rue Dominique.

307. Un tableau de fleurs.

Mongin (Antoine-Pierre), né à Paris, élève de Doyen,
rue de Sèvres, n° 1104.

Gouaches.

308. Paysage; des Baigneuses.
309. Id. Des Hussards surpris en maraude par leur chef, se retirent avec confusion.
310. Sujet tiré du premier volume du roman de Henri.
   Henri se jette sur Bowsey, assassin de Wevil, le saisit à la gorge, et lui fait quitter la bourse et le couteau.

Ces tableaux appartiennent à l'auteur; les figures sont du C. Dutailly, natif de Lyon.

Monsiau (Nicolas), né à Paris, élève de Peyron,
rue neuve des Petits-Champs, n° 26.

Tableaux.

311. Zeuxis choisissant des modèles.

Ce peintre célèbre parmi les Grecs, ayant une Hélène à représenter pour les Agrigentins, et qu'ils voulaient consacrer dans le temple de Junon, cette nation lui envoya, par les plus notables de la ville, ses plus belles filles pour lui servir de modèles. Zeuxis en choisit cinq, à qui il distribua des couronnes comme prix de la beauté. En réunissant les grâces particulières à chacune, il espérait atteindre à la plus grande perfection.

312. Socrate et Alcibiade chez Aspasie.

L'éloquence de cette célèbre courtisane et ses talens pour la politique la firent rechercher et admirer par les Athéniens les plus recommandables de son tems. Périclès fut si touché des charmes de son esprit, qu'enfin il se détermina à l'épouser. Socrate même avec Alcibiade avaient tant de plaisir à l'entendre qu'ils la visitaient souvent.

313. Dessin d'après le tableau de Zeuxis.

Ces trois tableaux appartiennent à l'auteur.

Moreau jeune, élève de Louis le Lorrain,
professeur aux Ecoles centrales de Paris
au Palais national des Sciences et des Arts.

Peinture.

314. Cadre contenant 47 dessins faits pour une édition de Gesner, en quatre volumes in-8°, que le C. Renouard publiera le 1ᵉʳ Vendémiaire prochain.
315. Cadre contenant 18 dessins, Actes des Apôtres, pour l'édition in-8° du nouveau Testament de Saugrain.
316. Un dessin pour Anacharsis.
317. Un dessin représentant Régulus retournant à Carthage, pour les œuvres de Montesquieu, in-4°.

Cᵑⁿᵉ *Morin* (Eulalie), née Cornillaud, de Nantes.
rue du Mont-Blanc, n° 73.

318. Portrait de femme, peint.

Dessins.

319. Amphion.
320. Portrait de femme en pied, fond de paysage.
321. Portrait d'homme.
322. Deux miniatures, sous le même numéro.

Naudet (Charles), né à Paris,
rue des Prêtres-Germain-l'Auxerrois.

323. Tableau à gouache fait d'après nature, représentant l'ancienne Porte-Paris et le grand Châtelet, avec figures.

Ce monument fut construit sous Jules-César, pour servir de défense à la ville de Paris.

Pajou fils (J.-A.), né à Paris, élève de Vincent,
aux Galeries du Muséum.

Peinture.

Tableau.

324. Orphée perdant son Euridice pour la seconde fois.

Sujet extrait des Géorgiques, traduction de l'abbé Delille.

Presque aux portes du jour, troublé, hors de lui-même,
Il s'arrête, il se tourne... il revoit ce qu'il aime :
C'en est fait, un coup-d'œil a détruit son bonheur.
Le barbare Pluton révoque sa faveur,
Et des Enfers chargés de ressaisir leur proie,
Trois fois le gouffre avare en retentit de joie.
Orphée! ah! cher époux, quel transport malheureux,
Dit-elle : ton amour nous a perdus tous deux.
Adieu : l'Enfer se rouvre et mes yeux s'obscurcissent,
Mes bras tendus vers toi déjà s'appesantissent;
Et la mort déployant son ombre autour de moi,
M'entraîne loin du jour, hélas! et loin de toi.
Elle dit, et soudain dans les airs s'évapore.

Ce tableau appartient à l'auteur.

Palliere (Etienne), né à Bordeaux, élève de Vincent.

place de la Révolution, arcade n° 2.

Tableau.

325. Une jeune femme assise sur un morceau de rocher, et se livrant à la mélancolie.

Percier (Charles), né à Paris, Architecte,
rue Montmartre, n° 219.

Dessins coloriés.

326. Intérieur d'un monument consacré aux Arts, dans le genre de ceux élevés pendant le seizième siècle.

327. Intérieur d'une fabrique italienne.
328. Intérieur d'un palais romain.
329. Vue d'une porte de jardin italien.

Perin (Lié-Louis),
cour des Fontaines, n° 100.

330. Un cadre renfermant des miniatures.

Perrin,
au Palais national des Sciences et des Arts.

Tableaux.

331. Jupiter sous la forme de pluie d'or venant visiter Danaé.

   Son père l'avait fait renfermer dans une tour et garder par une vieille, l'oracle lui ayant prédit que le premier enfant qu'aurait sa fille serait funeste à sa maison.

332. Après le meurtre de Dion, sa sœur et sa femme furent mises en prison par l'ordre de Callipus. La femme y accoucha d'un garçon qu'elle résolut de nourrir. Elles en demandèrent la permission à leurs gardiens, qui l'accordèrent.

Petit (Joseph), né à Tournai, élève de Hue.

333. Deux tableaux, paysages; les figures et animaux par Demarnes.

   L'un est une vue des environs d'Albano, près de Rome.

   L'autre, une vue au soleil couchant, du temple de la Sybille à Tivoli.

PEINTURE.   55

Ces deux tableaux, sous le même numéro, appartiennent à l'auteur.

Peyron (J.-F.-P.), né à Aix, élève de Lagrenée l'aîné, au Palais national des Sciences et des Arts.

Tableau, peint sur bois.

334. Ulysse demandant l'hospitalité à Nausicaa, fille d'Alcinoüs, roi des Phéaciens.

Ulysse, battu par la tempête, aborde dans l'île des Phéaciens, et se repose sur les bords du fleuve qui l'a sauvé. Nausicaa, inspirée par Minerve, était venue avec ses compagnes y laver ses vêtemens, quand Ulysse, réveillé par les jeux et les chants de ces jeunes filles, ose paraître devant elles, et demande à Nausicaa de quoi se couvrir pour paraître plus décemment.

Ce tableau appartient au C. Velloni, glacier.

Dessins.

335. Les jeunes Athéniens et Athéniennes tirant au sort pour être livrés au Minotaure.

Egée, roi d'Athènes, avait fait assassiner Androgée, fils de Minos, roi de Crète : celui-ci, voulant venger la mort de son fils, après avoir saccagé plusieurs villes qui auraient pu défendre Athènes qu'il assiégea, la réduisit à demander la paix en suppliante. Il ne l'accorda qu'aux conditions que tous les ans elle lui livrerait sept jeunes garçons et autant de filles pour être exposés au Minotaure, monstre renfermé dans le labyrinthe de Crète. Ce traité conclu, Minos emmena avec lui les premières victimes du salut de leur patrie.

336. Catilina faisant prêter serment aux conjurés.

Ce dessin est destiné à une édition de Saluste, grand in-folio, que prépare le C. Renouard.

337. Un cadre renfermant quatre dessins du temple de Gnide.

Pfab (Jean-Pierre), Danois, élève de l'Académie de Copenhague,
rue Roch-Poissonnière, n° 7.

Tableau.

338. Portrait de l'auteur, peint par lui-même.

Pinchon (Jean-Antoine), élève des CC. Vincent et Augustin.
rue Caumartin, n° 744.

Tableaux.

339. Portrait du C. Damas, artiste.
340. Portrait de femme.

Potain (V.-M.), élève de Vincent,
rue de la Loi, cour Guillaume, n° 16.

341. Deux portraits sous le même numéro.

Prevost (Jean-Louis),
rue de Bellefond, n° 202.

Tableau.

342. Des fleurs dans un vase de porphyre.

PEINTURE. 57

Prevost (Pierre), né à Montigny, dép. d'Eure-et-Loir,
élève du C. Moreth,
rue Grange-aux-Belles, n° 1.

343. Paysage au soleil couchant.
Ce tableau appartient à l'auteur.

Prud'hon (P.-P.), né à Cluny,
au Palais national des Sciences et des Arts.

Dessins.

344. Projet de frise représentant une Bacchanale.
345 Phrosine et Melidor, dessiné et gravé par l'auteur.

Robert (Hubert), né à Paris,
aux Galeries du Muséum.

346. Tableau représentant un ancien édifice servant de bain public.
347. Tableau représentant l'entrée d'un palais antique.

Robin (J.-B.-C.),

Tableaux, portraits.

348. { Le petit accapareur.
     { Le château de cartes.
349. Esquisse d'une bataille.
Le sujet en est pris du dernier chant de la Jérusalem délivrée, du Tasse.

Roger (Pierre-Louis), élève de Regnault,
rue aux Ours, n° 22.

Dessin.

350. Artémise pleurant sur les cendres de Mausole.

Roland (J.-F.-J.), né à Lille, élève de David,
rue Vantadour, n° 3.

Tableaux.

351. Portrait de femme en pied, accordant une harpe.
352. Portrait d'homme assis, et portrait de l'auteur, peint par lui-même.
353. Deux enfans jouant avec un chien.

Sablet (Jacob), élève de Vien,
au Palais national des Sciences et des Arts.

Tableaux.

354. Portrait du C. ***, membre actuel du Corps législatif, tableau allégorique.

    La mer est agitée, le Soleil annonce l'approche du calme. L'acteur unique de la scène s'éloigne des tombeaux où il a gémi sur le sort de ceux qu'il a perdus par l'effet de la révolution, il lit une inscription tracée sur une colonne milliaire, et paraît en goûter la leçon.

355. Le Colin-Maillard, peint à Rome en 1790.
356. Portrait du C. *** visitant le tombeau de son père avec son épouse.
357. La diseuse de bonne aventure.
358. Une mère donnant une marotte à son enfant.
359. La tricoteuse, la couseuse : pendans, et autres, sous le même numéro.

Saint-Martin (Alexandre-Pan), né à Mortagne, élève de Leprince et Vernet.
rue Poissonnière, n° 25.

Tableaux paysages.

360. Forêt, figures et animaux.

361. Deux vues du parc et maison de Ville-d'Avray.

Sauvage, élève de Giéerard d'Anvers,
au Palais national des Sciences et des Arts.

362. Un bas-rélief imitant le bronze, peint sur porcelaine pour la manufacture de Dihl et Guerhard, dite d'Angoulême, rue du Temple, près le Boulevard.

Schall (Jean-Frédéric), né à Strasbourg,
au Palais national des Sciences et des Arts.

Tableau.

363. La fausse apparence.

Un père en rentrant n'aperçoit plus son enfant, dont le berceau était renversé, et voit son chien accourir à lui, la gueule ensanglantée : il le tue. Mais cet homme malheureux reconnaît bientôt son erreur : le fidèle animal avait délivré l'enfant d'un serpent monstrueux qui l'eût dévoré.

Schmid,
rue Mazarine, n° 1564.

Tableaux.

364. Paysages. Vues de la Suisse; un soleil couchant, une matinée, ornés de figures, faites par Demarnes.

365. Deux autres paysages. Un soleil couchant au bord d'un lac, un incendie au clair de lune.

366. Vue de Suisse, soleil couchant.

Le dernier appartient à l'auteur.

Peinture.

Senave (Jacques-Albert),
rue et porte Jacques, à l'enseigne du port Salut.

367. Tableau représentant une imprimerie.

Serangeli, né à Rome, élève de David,
rue J.-J. Rousseau, maison Bullion.

368. { Tableau, portrait en pied.
{ La mort d'Euridice, même numéro.

Sevin,
rue de l'Arbre-sec, n° 15.

369. Portrait de l'abbé Delille.
370. Autres portraits, sous le même numéro.

Sicardi (Louis), élève de son père,
rue ci-devant Petit-Bourbon, n° 721.

371. Un cadre contenant plusieurs miniatures.
372. Un cadre contenant le portrait de Molé et deux autres portraits.
373. Un dessin représentant les neveux et nièces de l'auteur.

Citoyenne *Swagers* (Elisabeth), née à Paris,
rue de l'Echiquier, n° 36.

374. Portrait dessiné au crayon noir d'après nature.

Swagers, né à Utrecht,
rue de l'Échiquier, n° 36.

Tableaux.

375. Paysage. Vue des environs de Monvoord, petite ville de Hollande.

376. Marine. Vue des environs de Dordrecht.

Swebach (dit *Desfontaines*), élève du C. Duplessis, Demeurant derrière le clos de Piquepus, entre cette barrière et celle de Mandé.

Tableaux représentant

377. Une marche d'armée.
378. Halte de cavalerie.
379. Convoi d'artillerie.
380. Marché aux chevaux.
381. Attaque d'un moulin retranché.
382. Rencontre de cavalerie à l'issue d'un bois.

Taillasson (Jean-Joseph), né à Bordeaux, élève du C. Vien, au Palais national des Sciences et des Arts.

Tableau.

383. Léandre et Héro.

Léandre, jeune homme de la ville d'Abidos, traversait l'Hellespont à la nage, pour aller voir Héro, prêtresse de Vénus : un flambeau allumé au haut d'une tour, lui servait de guide. Longtemps l'Amour couronna ses efforts; mais enfin, sur le point d'arriver aux bords qui lui étaient si chers, il trouva la mort dans les flots. Héro ne voulut point lui survivre.

Ce tableau est un prix d'encouragement accordé par la République.

384. Le même sujet répété.

PEINTURE.

Taunay (Nicolas-Antoine), né à Paris, élève de Casanova.

385. Tableau représentant l'extérieur d'un hôpital militaire provisoire.

Taurel (Jacques), né à Toulon, élève de Doyen.
rue du Faubourg Poissonnière, n° 31.

Tableaux.

386. Esquisse d'une marine, représentant un embarquement de troupes.

L'instant du jour est le matin, par un tems brumeux. Le fond offre les vaisseaux de guerre qui doivent escorter le convoi. Sur le second plan, on voit une colonne surmontée de la statue de la Liberté, et sur le premier plan, un quai, des figures en action, et le canot destiné aux officiers supérieurs.

387. Marius assis sur les ruines de Carthage.

Le moment de l'action est celui où Marius répond à l'envoyé du préteur Sextilius, qui lui signifie l'ordre de quitter cette Province..... Vas rapporter à celui qui t'envoie, que tu as vu Marius fugitif, assis au milieu des ruines de Carthage.

388. Ulysse ayant reconnu Télémaque et Minerve sous la figure de Mentor, s'en éloigne avec précipitation.

La scène est dans l'île déserte où Mentor et Télémaque étant abordés, trouvent un autre vaisseau qui attendait, comme eux, un vent favorable pour partir.

Thevenin (Charles), né à Paris, élève de Vincent, au Palais national des Sciences et des Arts.

Tableaux.

389. Augereau au pont d'Arcole.

Augereau, général de division à l'armée d'Italie, s'apercevant que le feu de l'ennemi ralentissait la marche de la colonne chargée de forcer le pont d'Arcole, met pied à terre, s'avance à la tête de la colonne un drapeau à la main, malgré le feu des trois batteries, traverse dans toute sa longueur une digue de plus de deux cents toises, arrive sur le pont, et trace ainsi aux grenadiers français le chemin de la victoire. Un jeune tambour effrayé du danger auquel s'expose son général, en continuant de s'avancer, s'efforce de l'arrêter; le porte-drapeau qui suivait Augereau, frappé d'un éclat d'obus, vient expirer à ses pieds : un chapeau de général, un fourreau de sabre, et un manteau de cavalier roulés dans la poussière, indiquent les différentes attaques faites inutilement sur ce point.

Ce tableau fait pour le général Augereau, peut être considéré comme monument historique; car il est aussi exact pour la vérité du local, que par la vérité d'action des figures.

390. Œdipe et Antigone.

Fugitif proscrit par ses fils, errant pendant une violente tempête dans un pays aride et sauvage, Œdipe tourmenté de ses remords, s'écrie dans un accès de désespoir; écrasez-moi, grands Dieux, et punissez mes crimes. Sa fille s'efforce de calmer son transport, etc.

Ce tableau est un prix d'encouragement décerné dans un concours national.

391. Portrait d'enfant de grandeur naturelle, jouant avec les fragmens de son déjeûné.

Thiboust,
rue de la Lune, n° 121.

392. Son portrait peint par lui-même sur porcelaine, de la manufacture de Dihl et Guerhard.

Thienon (Claude), élève de Moreau,
rue Sainte-Croix, Chaussée-d'Antin.

393. Deux dessins paysages.

Topfer, en Suisse.
Dessin.

394. Vue du Vallais à Montey, au-dessous du pont de Saint-Maurice.

Ce dessin appartient au C. Roland.

Valenciennes (P.-H.), né à Toulouse, élève de Doyen, au Palais national des Sciences et des Arts.

Tableaux paysages.

395. Une jeune fille

Ayant trouvé dans les bois d'Idalie, l'Amour couché sur des roses, essaye sur son amant les flèches qu'elle lui a dérobées.

396. Députations des villes grecques au temple de Delphes.

397. L'Amour jouant à collin-maillard avec les Grâces.

398. Matinée dans les environs de Rome.
399. Deux vues d'Italie, l'une à l'effet du calme, et l'autre de l'orage.

    Ces quatre derniers tableaux appartiennent à l'auteur.

Citoyenne *Vallain* (Nanine).

Tableau.

400. Portrait d'un enfant.

Vallin (Jacques-Antoine),
quai des Augustins, n° 71.

Tableaux.

401. Un vieillard et sa fille demandant l'aumône.
402. Marine, tempête et naufrage.

Vangorp (Henri-Nicolas), né à Paris,
rue d'Orléans, n° 17.

Tableaux.

403. Le retour d'un Hussard dans sa famille.

    Il reçoit les embrassemens de sa femme au milieu de leurs enfans qui appellent ses caresses. Une jeune sœur aide le père aveugle à se lever, pour s'approcher de son fils.

    Ce tableau appartient à l'auteur.

404. Portrait du Cit. Noudet, peintre.
405. Portrait du Cit. Mennier, musicien.
406. Portrait d'une jeune personne, ovale.

Vanloo (César).

407. Vue d'une fabrique de fer située près de l'Isola de Sora, dans le royaume de Naples.

Van Spaendonck (Corneille),
au Palais national des Sciences et des Arts.

Tableaux.

408. Des pêches jetées sur une table de marbre, avec un ananas et une grappe de raisin de Maroc.
409. Des roses dans un gobelet.
410. Différentes fleurs dans un vase d'Albâtre.

Varenne (Charles-Santaire), né à Paris,
rue Bailleuil, passage d'Aligre.

411. Vue d'une forêt, figures et animaux, prise près Baltimore.

Citoyenne *Varillat* (née Tornézy),
élève de Regnault,
rue Martin, n° 353.

412. Portrait d'homme, ovale.

Vergnaux (N.), né à Coucy-le-Château, dép. de l'Aine,
élève de Hue,
rue d'Anjou, faubourg Honoré, n° 958.

Tableaux paysages.

413. L'entrée d'un bois, effet du soir.
414. Rochers couronnés d'arbres et fabriques, effet du matin.

Vernet (A.-Ch.-Hor.), né à Bordeaux,
élève de son père,
aux Galeries du Muséum.

Dessins.

415. Fidélité des hussards Français.

Tous les moyens de séduction sont mis en usage pour égarer les braves hussards, ci-devant Berchiny, et ébranler leur fidélité. On les fait boire à discrétion pendant trois jours; le quatrième on les fait monter à cheval et marcher à travers les terres labourées. Vers les trois heures après midi, on leur fait faire halte dans un endroit où on avait préparé des rafraîchissemens pour les hommes et pour les chevaux. Ils étaient à peu de distance de l'ennemi, qui leur faisait des signaux avec des mouchoirs blancs. On les harangue, on étale à leurs yeux de l'or, on leur fait de magnifiques promesses au nom des Princes rebelles, on leur assure la liberté de piller sous peu de jours à discrétion le territoire français. Quelques-uns paraissent ébranlés; le plus grand nombre témoigne son indignation par de violens murmures; la division se met dans la troupe, l'ordre de mettre bas les cocardes tricolores est donné; on les arrache à ceux qui refusent. Le colonel tue lâchement un de ceux-ci; l'infâme d'Emberlin en tue deux. Le brave Popowits crie à ses hussards; (à cheval, mes amis, à cheval, il est tems; nous sommes trahis.) Cinq officiers suivent son exemple, et répètent le même cri; plusieurs groupes se forment à leur voix. Ils n'avaient qu'un seul étendard; un maréchal-des-logis sort des rangs, en arrache un second des mains d'un traître dont il coupe le poignet; les groupes des hussards fidèles se réunissent, enlèvent de vive force la caisse du régiment avec une partie des équipages du colonel, et rentrent en France à toute bride.

Ce dessin appartient au Citoyen Gouthière, imprimeur.

416. Un cheval qu'on frotte après la course.
417. Un cheval effrayé par la foudre.
418. Un cheval sauvage fuyant des animaux féroces.
419. Un hussard à cheval.
420. Combat de cavalerie.
421. Une femme à cheval.

Vien fils (Joseph-Marie),
place du Muséum.

422. Un cadre renfermant plusieurs miniatures peintes à l'huile.

Vestier (Antoine), né à Avalon, dép. de l'Yonne,
élève de feu Pierre,
au Palais national des Sciences et des Arts.

423. Deux portraits sous le même numéro.
424. Un cadre renfermant des miniatures.

Vincent (François-André), né à Paris,
élève de Vien,
au Palais national des Sciences et des Arts.

425. L'Agriculture.

Pénétré de cette vérité que l'Agriculture est la base de la prospérité des États, le peintre a représenté un père de famille qui, accompagné de sa femme et de sa jeune fille, vient visiter un laboureur au milieu de ses travaux. Il lui rend hommage en assistant à la leçon qu'il l'a prié de donner à son fils, dont il regarderait l'éducation comme imparfaite sans cette connaissance.

Nota. Le Commerce et d'autres parties intéressantes de l'éducation, doivent former une suite à ce premier tableau, qui, ainsi que cette suite, sont destinés au Cit. Boyer-Fonfrède, de Toulouse.

426. Le portrait du C. Roland, sculpteur, membre de l'Institut national des Sciences et Arts.

Viquet,
rue de la Féronnerie, n° 167.

Tableau.

427. Un modèle prenant son repas dans l'atelier d'un peintre, entre deux séances.

Wallaert (Pierre), né à Lille,
rue Honoré, n° 1436.

Tableau.

428. Marine, naufrage. Plusieurs figures en action.
L'auteur est propriétaire du tableau.

SCULPTURE.

Blaise,
rue d'Orléans-Honoré, n° 12.

501. Modèle de pendule.

La Renommée, accompagnée de deux Génies, dépose sur un autel la récompense de la vertu. Un des Génies dit à l'autre : Grave sur le marbre ce que la Renommée vient d'annoncer.

502. Deux esquisses en terre cuite, représentant Vénus et Diane au bain, même numéro.

Boisot (L.-S.), né à Paris,
élève de Michel-Ange Slodtz,
au Palais national des Sciences et des Arts.

503. Médaillon en plâtre, portrait du général Buonaparte, fait de réminiscence, encadré d'une couronne de laurier.

Ce portrait appartient au Citoyen Directeur Barras.

Boisot.

504. Buste en plâtre, d'après nature, du C. Daubenton, âgé de 83 ans.

Ce buste fait partie d'une collection de portraits des fameux Naturalistes.

Sculpture.

Boquet (Simon-Louis),
passage du bois de Boulogne.

505. Une Bacchante, pendule.
506. Deux bustes, portraits, même numéro.

Boulliet (Jacques-Antoine), né à Paris,
élève de Briard, peintre, et de Beauvalet, sculpteur,
rue du Temple, n° 98.

Plâtre couleur de terre cuite.

507. Portrait en buste du C. Adanson, membre de l'Institut national.

Ce buste faisant partie d'une collection de portraits, doit être exécuté en marbre.

508. Figure de femme en pied, plâtre, de proportion.

Elle représente le symbole de l'Amour, et appartient à l'auteur.

Bourreiff (Louis-Jérôme), élève du C. Vassé,
rue neuve de l'Egalité, n° 306.

Terre cuite.

509. Trois figures représentant l'Amour enivré par la Folie, et un Satyre.

Ce groupe supporte un mouvement de pendule.
Il appartient à l'auteur.

Chaudet (Denis-Antoine), né à Paris,
élève de Stouf.

510. Modèle en plâtre de grandeur naturelle.

Ciparisse pleure un jeune cerf qu'il chérissait, et qu'il a tué par méprise.

Métamorphoses d'Ovide.

Chinard,
membre associé de l'Institut national,
résidant à Lyon.

511. Un enfant, portrait de grandeur naturelle.

Cet enfant échappe au naufrage en se faisant une nacelle des armes de l'Amour, et une voile de son bandeau.

512. Deux bustes, même numéro.

512 bis. Une esquisse improvisée pour le passage du général Buonaparte à Lyon, représentant Mars arrêté par la Paix, et couronné par la Victoire.

Corbet (Charles-Louis),
rue du Faubourg Honoré, n° 61.

Modèle en plâtre.

513. Portrait en buste du général Buonaparte, fait d'après nature.

Nota. Ce buste doit être exécuté en marbre pour le Gouvernement.

Delaitre,
faubourg Martin, n° 37.

Terre cuite.

514. Une esquisse représentant Hébé.

Delaville (Louis), né dans la commune de Jouy-Sousthelle, dép. de l'Oise,
rue des Pères, faubourg Germain, n° 15.

Terre cuite.

515. Deux portraits, proportion naturelle, des CC. Joly père et fils.

Le premier, ancien garde des estampes et planches gravées de la Bibliothèque nationale; le second, conservateur actuel des mêmes objets.

Deseine,

Cour du Palais national.

516. Une Vestale alimentant le feu sacré.
517. Michel Montaigne, buste en plâtre.
518. Une tête de Flore, étude.
518 bis. Une Figure en pied représentant Flore.
519. Buste du Citoyen Trouille, membre du Corps législatif.
520. Buste du Citoyen Bergevin, membre du Corps législatif.
521. Buste du Citoyen Noel.

Dumont (J.-Edme), élève de Pajou,
au Palais national des Sciences et des Arts.

Terre cuite.

522. Figure représentant le berger Céphale.

Espercieux (Jean-Joseph), né à Marseille,
élève de ceux qui m'ont donné de bons avis,

rue Pot-de-Fer, faubourg Germain.

523. La Liberté, modèle en plâtre.

Cette figure, assise sur un cube, est coiffée du pileus; elle foule sous ses pieds un joug brisé. La petite statue qu'elle tient d'une main représente la Félicité publique. Dans l'autre main sont une épée et le flambeau de la Philosophie.

On lit sur la plinthe :

La Liberté tient dans sa main la Félicité publique. On acquiert et on conserve la Liberté par la philosophie et par les armes.

Nota. La figure de la Liberté est un prix obtenu dans un concours national.

Gois (Edme),
élève de son père,
au Palais national des Sciences et des Arts.

524. Vénus sortant du bain.
    Figure en plâtre, grandeur naturelle.
525. Adonis, allant à la chasse, aperçoit Vénus.
    Figure en plâtre, grandeur naturelle.
526. Psyché tenant la lampe et le poignard.
    Figure en terre cuite.
527. Portrait du C. Gois, professeur des Ecoles centrales de Peinture et Sculpture.
    Terre cuite bronzée.
528. Portrait d'un enfant de deux jours, en plâtre.

Lesueur,
au Palais national des Sciences et des Arts.
529. Deux bustes en plâtre, portraits, nature.

Lorta,
rue de Sèvres, n° 1091.
530. La Paix.
    Modèle en plâtre; prix d'un concours national.

La Paix est représentée assise, levant de la main gauche un voile qui couvrait le Génie des Sciences, des Arts et du Commerce, caractérisé par ses attributs; il se ranime à l'aspect de la branche d'olivier et de l'épi de blé, symbole de la Paix. De l'autre côté de la figure principale, on voit un bouclier, un sabre, une couronne de laurier qui montrent que c'est par la Victoire qu'on obtient la Paix.

Lucas,
rue du Mont-Blanc, n° 68.

531. Buste en plâtre, grandeur naturelle, du Citoyen Lecouteulx-de-Canteleux, membre du Conseil des Anciens.

Monot,
élève de Vassé,
au Palais national des Sciences et des Arts.

532. Minerve rémunératrice.
Statue en plâtre, comme étude.
533. Une jeune fille contemplant des cendres qui sont dans une urne.
Modèle en plâtre, de grandeur naturelle, étude.

Monpellier,
rue de Sartine, n° 15.
Plâtre bronzé.

534. Portrait en buste du Citoyen Hubert, architecte.
535. Une Cariatide.

Morgan (J.-J.), élève de Dejoux,
rue de Nazareth, nº 133.

536. Le Commandement des Armées et la Paix.

Ces figures en plâtre font partie des huit statues représentant les vertus civiles et militaires qui décorent le salon du général Buonaparte.

Pajou, père,
aux Galeries du Muséum.

537. Buste en marbre d'un enfant.

Ce buste appartient à la société des Amis des Arts.

Petitot (Pierre), élève de Cafieri,
rue du Honoré, nº 117.

Plâtre.

538. Portrait en buste du C. Dessaux, ancien chirurgien de l'Hôtel-Dieu.

Terre cuite.

539. Portrait en buste du C. C***.
540. Hébé, esquisse.

Renaud (J.-M.),
rue Taitbout, nº 33.

541. Le portrait en pied du C. Corbel père, modèle en cire, renfermé dans un cadre.

Roland (Philippe), né à Lille,
élève de Pajou,
au Palais national des Sciences et des Arts.

Sculpture.

542. Portrait en buste, proportion nature.
543. Bacchante montée sur un bouc.
544. Groupe en marbre, composé de trois figures, représentant le Serment d'amour.
545. Une pendule modelée par Roland, représentant les quatre Saisons sur un char tiré par deux lions, conduits par l'Amour.

    Le socle est orné des signes du Zodiaque. Le bronze fait par Thomire, rue Porte-Foin, au Marais, n° 7; le modèle appartient au Citoyen Ligneureux, rue Christine, n° 2.

Stouf,
rue de Crussol, n° 13, section du Temple.

546. Vincent-de-Paule, fondateur des Hospices des Enfans-Trouvés, considéré comme philosophe.

    Statue en marbre, grande nature. Prix d'un concours national.
547. Femme effrayée d'un coup de tonnerre qui vient de rompre un arbre à côté d'elle. Terre cuite.
548. Sujet pastoral.

    Une femme et ses deux enfans, dont l'un placé dans un charriot traîné par un chien. Terre cuite.
549. Mausolée, bas-relief, esquisse en terre cuite.

ARCHITECTURE.

Baltard (Louis-Pierre), né à Paris,
rue Dominique, n° 239.

601. Dessin géométral d'un Monument triomphal en l'honneur des Armées de la République, faisant partie d'un projet pour Bordeaux, sur l'emplacement du Château-Trompette.
602. Quatre feuilles (sous le même numéro) d'un ouvrage élémentaire sur l'Architecture, que l'auteur se propose de faire graver.

Brogniard (Et.-J.),
rue Marc, n° 14 et 193.

Dessins.

603. Vue perspective de l'intérieur du Panthéon-Français, avec obélisques et tables d'inscriptions pour renforcer les quatre pilliers du dôme, sans nuire à la décoration actuelle de ce monument.

Ceux qui voudront se procurer de plus grands renseignemens sur l'état de ce monument, peuvent consulter le mémoire historique du Panthéon-Français, par Rondelet, architecte; et les moyens de le restaurer, par Rondelet et Brogniard, architectes.

604. Deux vues du port de la Réole, sur la Garonne, au-dessus de Bordeaux; l'une représentant ce port comme il est, l'autre comme il pourrait être.

605. Vue perspective de l'avant-scène du théâtre des Arts, arrangée l'an V par le C. Brogniard, avec la vue du palais fait pour la remise du ballet de Pâris.

606. Modèle en bois peint d'un des quatre pilliers du dôme du Panthéon-Français, avec les accessoires nécessaires à son renforcement.

Person (P.-C.),
élève des Ponts et Chaussées, membre du Lycée des Arts,
rue des Maçons, n° 447.

607. Modèle d'une machine propre à porter de prompts secours aux incendiés.

608. Pont d'une seule arche, aussi simple que solide.

609. Modèle d'une machine pour amener sur la grève les trains de bois par coupons, afin d'éviter aux travailleurs le danger d'être journellement dans l'eau.

Sobre, architecte,
rue du faubourg du Temple, n° 27.

610. Projet d'un obélisque à placer à l'Etoile; au-dessus des Champs-Elysées.

Ce monument, dans la proportion de 65 mètres (ou 200 pieds), est orné de signes hiéroglyphiques représentant des caractères républicains.

Il est porté par quatre éléphans, symboles de la Force et de la Reconnaissance.

Par un Citoyen de Brest, anonyme.

Ouvrages remis par le Citoyen Trouille, représentant du peuple.

611. Deux plans d'hospice maritime, projetés pour Brest, en 1793 (v. s.), l'un de 6000 hommes, pour être exécuté sur le local de l'ancien hôpital incendié en 1776, et des fortifications adjacentes, devenues inutiles par la nouvelle enceinte; l'autre de même nombre, pour être placé en dehors, sur le bord de la rade, à environ cinq kilomètres de Brest.

Pour l'intelligence de ces projets et la connaissance exacte des dispositions intérieures des salles, on a joint à ces deux plans, une feuille de détail, sur laquelle sont tracées des portions de plans, coupes, et élévations de l'hospice proposé pour l'intérieur. Les coupes des salles étant particulièrement communes aux deux projets.

Les observations et légendes inscrites sur les plans, dispensent de plus amples explications.

GRAVURE.

Andrieu (Bertrand),
passage du Commerce, faubourg Germain.

701. Un cadre renfermant des gravures sur acier, dans le genre de la gravure en bois.

Berwic,
aux Galeries du Muséum.

702. L'éducation d'Achille, gravé d'après le tableau de Regnauld.
703. L'Innocence, d'après le tableau de Mérimée.
    Cette dernière planche est destinée à la société des Amis des Arts.

Clément,
place de l'Estrapade, n° 18.

704. Le génie des Arts couronnant la Vérité.
    Estampe gravée en pointillé, d'après le dessin de Landon.

Copia (Louis), né à Landau,
rue du théâtre Français, n° 9.

705. La Constitution française, gravée d'après le dessin de Prudon.

706. Le triomphe de la Liberté, d'après le dessin de Fragonard fils.
707. L'Innocence en danger, d'après le dessin de Devoge fils.
708. La mort de Turnus, d'après le dessin de Gérard.
709. La jouissance, d'après le dessin de Prudon.

Coqueret (Pierre),
rue de Surêne, n° 1386, faubourg Honoré.

710. Junius-Brutus condamnant ses fils à la mort.
711. Virginius, capitaine de légion, tue sa fille pour lui sauver l'honneur et la liberté.
712. Une frise allégorique sur le 9 Thermidor.

    Ces trois estampes gravées d'après les dessins de Lethiers.

Darcis (J.-L.).

713. Le racommodement faisant pendant à la brouille, gravés d'après les dessins de Guérin.

Duvivier,
aux Galeries du Muséum.

714. Médaille de Buonaparte, présentée à l'Institut.

    Monument consacré à la reconnaissance des Sciences et des Arts, pour ce général et son armée, qui, en terminant la guerre à Campo-Formio, nous ont procuré un des fruits les plus agréables de la paix, par les monumens d'Italie, savans et pittoresques qu'ils ont conquis.

Le général conduit par la Valeur et la Prudence, présente au Continent l'olivier de la paix, et la Victoire qui le couronne, porte au lieu de dépouilles militaires, des manuscrits et l'Apollon du Belveder.

Cette médaille se trouve à la monnaie des médailles, ainsi que les deux suivantes.

715. L'abbé Barthelemy, auteur d'Anacharsis, garde du cabinet des médailles de France.
716. Le père de l'auteur, lequel a cru pouvoir présenter ensemble ces deux hommes qui ont si bien mérité, chacun dans son genre, de l'art numismatique.

Godefroy (François), né à Rouen,
élève de Lebas.
rue des Francs-Bourgeois, porte Michel, faubourg Germain, n° 127.

717. Un cadre contenant plusieurs estampes.

La principale est la première épreuve (barrée à la plume) du Congé absolu destiné aux défenseurs de la patrie.

L'auteur de la gravure oppose, à ce sujet, l'esprit du gouvernement actuel à celui du gouvernement précédent, en remarquant que ci-devant la parcimonie la plus rigoureuse présidait à tout ce qui concernait le soldat; tandis que dans les voyages de la cour on gravait avec luxe les affiches des spectacles adressées au domicile des courtisans, et que les militaires en sous ordre étaient même exclus des jardins publics.

718. Un cadre contenant plusieurs gravures.

    La principale est une vue de la forêt des Cèdres, dans les montagnes glacées du Liban.

    Gravure destinée au voyage de Syrie, par le C. Cassas.

Langlois (P.-G.) de Paris,
rue Vieille-Estrapade, n° 8.

719. Le portrait du Dominiquin, gravé d'après le tableau peint par lui-même, de la galerie de Florence.

720. Le portrait de Fontenelle dans sa vieillesse, d'après le tableau du C. Voiriot.

Marchand (Jacques), né à Paris,
rue d'Enfer, n° 146.

721. Cheval anglais partant pour la course.

    Gravé à la manière noire, d'après le dessin de Vernet.

Masquelier (Louis-Joseph), né à Lille,
élève de feu Lebas,
rue de la Harpe, n° 493.

722. Un cadre contenant quatre estampes, savoir :

    Vue de Macao, en Chine.
    Vue de St. Pierre et St. Paul au Kamtschatka.
    Tombeaux de la baye de Castrie.
        } du Voyage de Lapeyrouse.

    Vue du Sérail. } du Voyage de Grèce.

723. Autre cadre contenant :
   Pirogue de Tchoka.
   Pirogue de l'île de Pâque.
   Parao, bateau de passage de Manille.
   Sarambeau, radeau de pêche de Manille.
   } du Voyage de Lapeyrouse.

Massard père (J.),
rue des Fossés-Victor, n° 32.

724. Socrate prêt à boire la cigue, d'après le tableau du C. David.

Massard (R.-V.),
rue des Fossés-Victor, n° 32.

725. Le sacrifice d'Enée sur le tombeau de son père Anchise.

Sergent, artiste,
rue des Poitevins, n° 16.

726. Portrait gravé en couleur du **général Marceau**, beau-frère de l'auteur.

SUPPLÉMENT.

PEINTURE.

Bosio (J.-F.),
rue de la Révolution, n° 688.

801. Portrait en pied d'un enfant de trois ans, symbole de l'Innocence, et le portrait de l'auteur peint par lui-même, sous le même numéro.
802. Homère chez le berger Glocus.

Homère aveugle, étant passé dans l'Ile de Chio, fut abandonné sur la rive par les matelots qui l'avaient conduit. Il erra pendant deux jours, et fut rencontré par le berger Glocus, qui le sauva de ses chiens et lui donna l'hospitalité. Homère en reconnaissance, lui récite ses aventures.

Caruelle.

803. Portrait en miniature d'un représentant du peuple, beau-père de l'auteur.

Cozette,
chef d'atelier à la manufacture nationale des Gobelins.

804. Le portrait de l'auteur peint par lui-même, à l'âge de quatre-vingt-cinq ans.

SUPPLÉMENT.   87

Dubourg (*Augustin*, dit), né à St.-Diéz,
dép. des Vosges.
rue François, n° 434.

805. Le portrait de l'auteur peint par lui-même, miniature.

Dumont (N.-A.), natif de Lunéville,
élève de François Dumont, son frère,
rue de l'Egalité, n° 291.

806. Portrait en pied du C. ***, agent de change.

Halley,
professeur de l'Ecole centrale de Gemmappes.

Tableaux, portraits.
807. Le général Beaulieu.
808. La Mère attentive.

Henry,
élève de Regnault et de Landon,
quai de l'Ecole, n° 14.

809. Quatre dessins, portraits.

Hue (J.-F.), né à Versailles.
aux Galeries du Muséum.

Tableau.
810. Paysage représentant un site des environs de Rome, où sont des femmes cueillant des fruits.

SUPPLÉMENT.

Romany (Adèle-Romance, dite),
élève de Regnault,
rue du Mont-Blanc, n° 21.

811. Portrait du C. Fleury, artiste du Théâtre français.

Pajou fils,

Tableau.

812. Portraits de famille.

Un père consulte son épouse avant de donner des livres à leur fille comme un prix de son assiduité à l'étude.

Dessins.

813. Une mère explique à sa fille un passage de l'Emile.
814. Portrait, forme ovale.

SCULPTURE.

Démontreuil, élève de Cabirole,
professeur de l'Académie de Bordeaux.

901. Un bas-relief représentant des fleurs, sculpture en bois.

FIN.

Nogent-le-Rotrou, imprimerie de A. Gouverneur.

CONDITIONS DE LA SOUSCRIPTION

A LA

RÉIMPRESSION DES ANCIENS LIVRETS

Chaque volume sera livré aux souscripteurs moyennant le prix :
De 1 fr. 25 sur papier vergé ;
De 2 fr. 50 sur papier de Hollande ;
De 3 fr. sur papier de Chine.
Les souscripteurs de Paris recevront les volumes à domicile. Ceux de province ou de l'étranger pourront se les faire envoyer en payant en surplus les frais de poste, s'ils ne préfèrent les faire réclamer aux bureaux de souscription.

On souscrit :

Chez M. LIEPMANNSSOHN, libraire, 11, rue des Saints-Pères.

On trouve à la même librairie,

LE DUC D'ANTIN ET LOUIS XIV, rapport sur l'administration des bâtiments annotés par le Roi, publiés avec une préface, par *J.-J. Guiffrey.*

Sous presse,

LES ARTISTES FRANÇAIS, NOTICES ET DOCUMENTS pour faire suite aux *Archives de l'art français,* publiés par MM. An. de Montaiglon et J.-J. Guiffrey. Un fort volume sur papier vergé tiré à petit nombre, titre en deux couleurs. Prix, 12 fr.

Nogent-le-Rotrou, imprimerie de A. Gouverneur.

www.ingramcontent.com/pod-product-compliance
Lightning Source LLC
LaVergne TN
LVHW020159100426
835512LV00035BA/1000